La Armadura de Dios para las Batallas Diarias
Efesios 6:10-18

La Protección Espiritual
de
Los Ataques Espirituales

Pastor Jeremy Markle

Los Ministerios de Andando en la PALABRA

Pastor Jeremy Markle
www.walkinginthewordministries.net

La Armadura de Dios para las Batallas Diarias
Efesios 6:10-18

La Protección Espiritual
de
Los Ataques Espirituales

REINA-VALERA
1960

Publicado por Los Ministerios de Andando en la PALABRA
Walking in the WORD Ministries
www.walkinginthewordministries.net

Impreso en los Estados Unidos.

ISBN: 978-0692524541

Indice

Índice

Efesios 6:10-18

Por lo demás, hermanos míos,
fortaleceos en el Señor, y en el poder de su fuerza.
Vestíos de toda la armadura de Dios,
para que podáis estar firmes
contra las asechanzas del diablo.
Porque no tenemos lucha contra sangre y carne,
sino contra principados, contra potestades,
contra los gobernadores de las tinieblas de este siglo,
contra huestes espirituales de maldad
en las regiones celestes.
Por tanto, tomad toda la armadura de Dios,
para que podáis resistir en el día malo,
y habiendo acabado todo, estar firmes.
Estad, pues, firmes,
ceñidos vuestros lomos con la verdad,
y vestidos con la coraza de justicia,
y calzados los pies
con el apresto del evangelio de la paz.
Sobre todo, tomad el escudo de la fe,
con que podáis apagar
todos los dardos de fuego del maligno.
Y tomad el yelmo de la salvación,
y la espada del Espíritu,
que es la palabra de Dios;
orando en todo tiempo con toda oración
y súplica en el Espíritu,
y velando en ello
con toda perseverancia
y súplica
por todos los santos;

II Timoteo 2:3-4

Tú, pues, sufre penalidades
como buen soldado de Jesucristo.
Ninguno que milita
se enreda en los negocios de la vida,
a fin de agradar a aquel
que lo tomó por soldado.

II Timoteo 4:6-8

Porque yo ya estoy para ser sacrificado,
y el tiempo de mi partida está cercano.
He peleado la buena batalla,
he acabado la carrera,
he guardado la fe.
Por lo demás,
me está guardada la corona de justicia,
la cual me dará el Señor, juez justo,
en aquel día;
y no sólo a mí,
sino también a todos
los que aman su venida.

Prólogo

II Timoteo 3:16-17
Toda la Escritura es inspirada por Dios,
y útil para enseñar, para redargüir,
para corregir, para instruir en justicia,
a fin de que el hombre de Dios sea perfecto,
enteramente preparado
para toda buena obra.

Dios ha hecho Su Palabra con un propósito claro. Él personalmente ha inspirado la Biblia para realizar tareas específicas para el beneficio de cada creyente. Él desea que éste goce de una vida espiritual que es *"perfecta,"* ser maduros, y que produzca *"buenas obras"* o las acciones justas. Por esta razón, afirma claramente que Su Palabra tiene cuatro funciones: ha dado al hombre Su Palabra escrita, *"para enseñar, para redargüir, para corregir, para instruir en justicia."* *"Enseñar"* simplemente presenta la información y la instrucción de la verdad. *"Redargüir"* es el proceso mediante el cual la enseñanza o instrucción se compara con la vida para encontrar donde ha ocurrido el pecado. *"Corregir"* ofrece la oportunidad de arrepentirse y cambiar aquellas áreas del pecado a fin de buscar una relación correcta con Dios. *"Instruir en justicia"* es la provisión de protección del pecado en el futuro para proveer las advertencias e instrucción basada en la verdad la que guía al creyente obediente a estar lejos de caer en las trampas del pecado en su vida.

Ahora, armado con un breve conocimiento del plan y el propósito de la Palabra de Dios en la vida de cada creyente, te invito a buscar en las Escrituras para entender más lo que Dios dice acerca de las batallas espirituales que enfrenta y se enfrentará, y cómo Dios desea obtengas la victoria con estas cuatro preguntas:

1. **¿Qué dice la Biblia sobre ....?**
2. **¿En qué área de su vida no está ...?**
3. **¿Qué debe usted confesar y cambiar en su vida ...?**
4. **¿Qué enseñanza sobre ... puede ayudarle para vivir en obediencia a partir desde este momento en adelante?**

La Fuerza para la Batalla

Efesios 6:10
*Por lo demás, hermanos míos,
fortaleceos en el Señor,
y en el poder de su fuerza.*

Un soldado en una batalla física entiende que si su fuerza falla, estará preso del enemigo aún si éste tiene un suministro ilimitado de armas. Fuerza es la clave para el pensamiento claros y la acción rápida. Lo mismo es cierto para un creyente. Él debe tener fuerza espiritual para ser victorioso. Debe depender del alimento espiritual provisto por Dios y depende en Él para ganar la batalla.

Debe tomar un poco de tiempo cada día para descubrir más acerca de sus debilidades personales y la fuente ilimitada de fuerza que tiene disponibles cuando usted depende en Dios.

Día # 1
Romanos 5:1-2, 6-9

¿Qué dice la Biblia sobre su condición antes de la salvación?

_____

_____

_____

¿En qué área de su vida no está recordando y aplicando la fuerza de Cristo dado a usted en su salvación?

_____

_____

_____

¿Qué debe usted confesar y cambiar en su vida para que pueda recordar y aplicar la fuerza de su salvación?

_____

_____

_____

¿Qué enseñanza sobre la fuerza de Dios para usted que empieza en la salvación **puede ayudarle para vivir en obediencia a partir desde este momento en adelante?**

_____

_____

_____

Día # 2
Juan 15:1-8

¿Qué dice la Biblia sobre cuál es la fuente de la fuerza del creyente?

_____

_____

_____

¿En qué área de su vida no está dependiendo en el Señor y en Su fuerza?

_____

_____

_____

¿Qué debe usted confesar y cambiar en su vida para que esté dependiendo correctamente en el Señor?

_____

_____

_____

¿Qué enseñanza sobre la fuerza de Dios para usted cuando se depende en Él **puede ayudarle para vivir en obediencia a partir desde este momento en adelante?**

_____

_____

_____

Día # 3
I Pedro 5:10-11
II Corintios 12:7-10

¿Qué dice la Biblia sobre la gracia de Dios para usted en los tiempos de dificultad? *¿Quien debe recibir la gloria al final?*

_____

_____

_____

¿En qué área de su vida no está dependiendo de la gracia de Dios para ayudarse en su dificultad?

_____

_____

¿Qué debe usted confesar y cambiar en su vida para que esté glorificando a Dios mediante y después de sus dificultades?

_____

_____

_____

¿Qué enseñanza sobre la gracia de Dios para su fuerza **puede ayudarle para vivir en obediencia a partir desde este momento en adelante?**

_____

_____

_____

Día # 4
II Corintios 3:4-5, 4:7-10

¿Qué dice la Biblia sobre cuál es la fuente de la fuerza del creyente para servir a Dios?

_____

_____

_____

¿En qué área de su vida no está dependiendo en la fuerza de Dios para cumplir sus responsabilidades?

_____

_____

_____

¿Qué debe usted confesar y cambiar en su vida para que esté dependiendo apropiadamente en Dios para cumplir cada una de sus responsabilidades?

_____

_____

_____

¿Qué enseñanza sobre la fuerza de Dios para cada una de sus responsabilidades **puede ayudarle para vivir en obediencia a partir desde este momento en adelante?**

_____

_____

_____

Día # 5
Isaías 40:28-31, 41:10

¿Qué dice la Biblia sobre la fuerza del Señor para aquellos que "esperan" en Él o que le buscan ansiosamente?

_____

_____

_____

¿En qué área de su vida no está esperando por el Señor?

_____

_____

_____

¿Qué debe usted confesar y cambiar en su vida para que esté esperando más en el Señor para la provisión de Su fuerza?

_____

_____

_____

¿Qué enseñanza sobre la fuerza de Dios para usted cuando espera en Él **puede ayudarle para vivir en obediencia a partir desde este momento en adelante?**

_____

_____

_____

Día # 6
Mateo 26:40-41
Efesios 3:14-21, Filipenses 4:6-7

¿Qué dice la Biblia sobre la oración que es necesaria para que el creyente tenga la fuerza espiritual? *¿Cuál área de la vida del creyente está frequentemente débil y evita esta practica?*

_____

_____

_____

¿En qué área de su vida no está aplicando la oración y disfrutando la bendición de Dios?

_____

_____

¿Qué debe usted confesar y cambiar en su vida para que esté practicando la oración correctamente y disfrutando de la fuerza que proviene de Dios?

_____

_____

¿Qué enseñanza sobre la fuerza de Dios para usted a través de la oración **puede ayudarle para vivir en obediencia a partir desde este momento en adelante?**

_____

_____

_____

Día # 7
Repaso

Filipenses 4:13
Todo lo puedo en Cristo
que me fortalece.

1. Romanos 5:1-2, 6-9 - ¿En qué condición está sin Jesucristo?

   _____

2. Juan 15:1-8 - ¿Qué tiene que hacer para producir el fruto espiritual?

   _____

3. I Pedro 5:10-11 - ¿De acuerdo a la gracia de Dios en tiempos difíciles, qué Dios quiere que usted sea?

   _____

4. II Corintios 3:4-5, 4:7-10 - ¿De Quién tiene que depender para la ayuda necesaria para cumplir cada responsabilidad en su vida?

   _____

5. Isaías 40:28-31, 41:10 - Qué promete Dios no va a pasarle a usted si "espera" en Él?

   _____

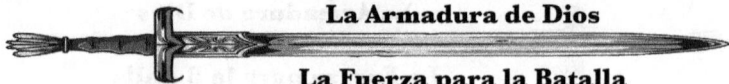

6. Mateo 26:40-41, *Efesios 3:14-21, Filipenses 4:6-7 -* ¿Que tiene que tener como parte de su vida si va a disfrutar la fuerza de Dios?

   _____

7. Filipenses 4:13 - ¿Quién es su fortaleza?

   _____

El Enemigo en la Batalla

Efesios 6:11-12
Vestíos de toda la armadura de Dios,
para que podáis estar firmes
contra las asechanzas del diablo.
Porque no tenemos lucha
contra sangre y carne,
sino contra principados, contra potestades,
contra los gobernadores
de las tinieblas de este siglo,
contra huestes espirituales de maldad
en las regiones celestes.

Un buen soldado busca para encontrar información acerca de su enemigo. Busca sus tácticas, sus fortalezas y debilidades y trata de entender su objetivo. Lo mismo es cierto para un soldado de la Cruz. Debe saber tanto como sea posible sobre su enemigo, Satanás. Él debe estar consciente de los tipos de ataques espirituales con que se enfrentará a diario.

Debe tomar un poco tiempo de cada día para descubrir más sobre su enemigo espiritual para que usted pueda defenderse mejor cuando éste ataca.

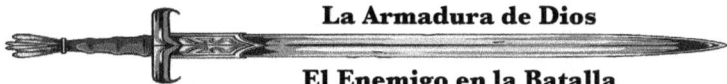

Día # 1
Isaías 14:12-17

¿Qué dice la Biblia sobre Satanás y su caída?

_____

_____

_____

¿En qué área de su vida no se está guardando a si mismo del orgullo?

_____

_____

_____

¿Qué debe usted confesar y cambiar en su vida para que no experimente el mismo daño por el orgullo que Satanás experimentó?

_____

_____

_____

¿Qué enseñanza sobre el orgullo de Satanás **puede ayudarle para vivir en obediencia a partir desde este momento en adelante?**

_____

_____

_____

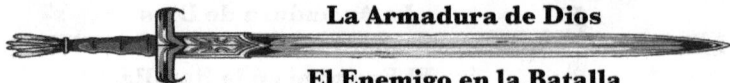

Día # 2
Juan 8:43-45
Efesios 2:1-3

¿Qué dice la Biblia sobre Satanás y aquellos que le siguen?

_____

_____

_____

¿En qué área de su vida no se está guardando a si mismo del deseo de la carne y las mentiras de Satanás?

_____

_____

_____

¿Qué debe usted confesar y cambiar en su vida para que no este afectada por los deseos de la carne y las mentiras de Satanás?

_____

_____

_____

¿Qué enseñanza sobre Satanás y sus seguidores **puede ayudarle para vivir en obediencia a partir desde este momento en adelante?**

_____

_____

_____

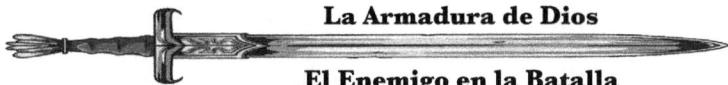

Día # 3
Efesios 4:26-27

¿Qué dice la Biblia sobre la oportunidad para Satanás a tener lugar en su vida?

_____
_____
_____

¿En qué área de su vida no está cuidadoso con su ira y permitiéndole Satanás tener control?

_____
_____
_____

¿Qué debe usted confesar y cambiar en su vida para que Satanás no continúe de causarle daño?

_____
_____
_____

¿Qué enseñanza sobre Satanás y la ira **puede ayudarle para vivir en obediencia a partir desde este momento en adelante?**

_____
_____
_____

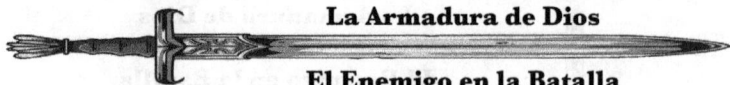

Día # 4
Santiago 4:6-8

¿Qué dice la Biblia sobre como puede usted resistir a Satanás?

_____

_____

_____

¿En qué área de su vida no está resistiendo a Satanás?

_____

_____

_____

¿Qué debe usted confesar y cambiar en su vida para que Satanás huya de usted?

_____

_____

_____

¿Qué enseñanza sobre la resistencia a Satanás **puede ayudarle para vivir en obediencia a partir desde este momento en adelante?**

_____

_____

_____

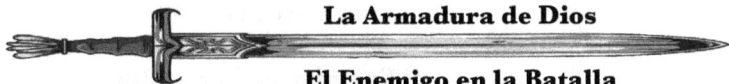

Día # 5
I Pedro 5:8-9

¿Qué dice la Biblia sobre el deseo de Satanás para destruir su vida?

_____

_____

_____

¿En qué área de su vida no está cuidadoso de los ataques de Satanás?

_____

_____

_____

¿Qué debe usted confesar y cambiar en su vida para que pueda resistir a Satanás?

_____

_____

_____

¿Qué enseñanza sobre como resistir a Satanás **puede ayudarle para vivir en obediencia a partir desde este momento en adelante?**

_____

_____

_____

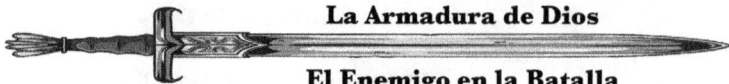

Día # 6
Apocalipsis 12:7-11

¿Qué dice la Biblia sobre los esfuerzos de Satanás contra usted?

_____

_____

_____

¿En qué área de su vida no está protegido de las acusaciones de Satanás?

_____

_____

_____

¿Qué debe usted confesar y cambiar en su vida para que Satanás no tenga ninguna oportunidad de hacer acusaciones sobre usted?

_____

_____

_____

¿Qué enseñanza sobre las acusaciones y distracciones de Satanás **puede ayudarle para vivir en obediencia a partir desde este momento en adelante?**

_____

_____

_____

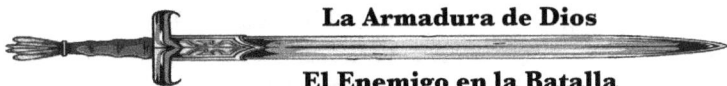

Día # 7
Repaso

II Corintios 11:14
Y no es maravilla,
porque el mismo Satanás
se disfraza como ángel de luz.

1. Isaías 14:12-17 - ¿Qué causó la caída de Satanás?

   _____

2. Juan 8:43-45, Efesios 2:1-3 - ¿Satanás es el padre de qué y quiénes le siguen?

   _____

3. Efesios 4:26-27 - ¿Qué previene la entrada para que Satanás pueda tener influencia en su vida?

   _____

4. Santiago 4:6-8 - ¿Que tienes que hacer para resistir a Satanás?

   _____

5. I Pedro 5:8-9 - ¿Qué desea Satanás en hacerle a usted?

   _____

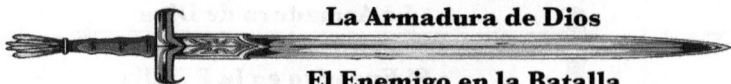

6. Apocalipsis 12:7-11 - ¿Qué le hace Satanás a usted y sobre usted?

---

7. II Corintios 11:14 - ¿Satanás intenta parecerse como qué?

Estar Firme en la Batalla

Efesios 6:13
Por tanto, tomad toda la armadura de Dios,
para que podáis resistir en el día malo,
y habiendo acabado todo,
estar firmes.

El soldado que no se ha cimentado firmemente en su posición física puede ser abatido rápidamente. Lo mismo es la verdad en la batalla espiritual. Es importante que cada creyente esté seguro en su relación con Dios y esté establecido en su propósito de vida para que el enemigo no lo pueda superar.

Debe tomar un poco tiempo de cada día para descubrir más acerca de la importancia de estar bien cimentado en su vida espiritual.

Día # 1
Lucas 6:47-49
Salmos 1:1-6

¿Qué dice la Biblia sobre aquellos que escuchan y obedecen la instrucción de Cristo?

_____

_____

_____

¿En qué área de su vida no está escuchando y obedeciendo la instrucción de Cristo?

_____

_____

_____

¿Qué debe usted confesar y cambiar en su vida para que esté disfrutando la estabilidad en su vida?

_____

_____

_____

¿Qué enseñanza sobre la instrucción de Cristo **puede ayudarle para vivir en obediencia a partir desde este momento en adelante?**

_____

_____

_____

Día # 2
I Corintios 15:58

¿Qué dice la Biblia sobre estar firme?

_____

_____

_____

¿En qué área de su vida no está firme?

_____

_____

_____

¿Qué debe usted confesar y cambiar en su vida para que esté firme?

_____

_____

_____

¿Qué enseñanza sobre la firmeza **puede ayudarle para vivir en obediencia a partir desde este momento en adelante?**

_____

_____

_____

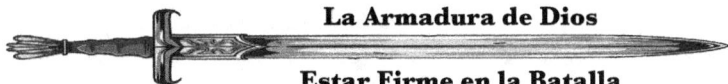

Día # 3
Colosenses 1:21-23, 2:6-7

¿Qué dice la Biblia sobre continuar en la fe?

_____

_____

_____

¿En qué área de su vida no está continuando en la fe?

_____

_____

_____

¿Qué debe usted confesar y cambiar en su vida para que esté en continuando en la fe?

_____

_____

_____

¿Qué enseñanza sobre continuar en la fe **puede ayudarle para vivir en obediencia a partir desde este momento en adelante?**

_____

_____

_____

Día # 4
Filipenses 1:25-28

¿Qué dice la Biblia sobre estar de pie en unidad?

_____

_____

_____

¿En qué área de su vida no está manteniendo la unidad?

_____

_____

_____

¿Qué debe usted confesar y cambiar en su vida para que esté manteniendo la unidad con los otros creyentes?

_____

_____

_____

¿Qué enseñanza sobre manteniendo la unidad **puede ayudarle para vivir en obediencia a partir desde este momento en adelante?**

_____

_____

_____

Día # 5
II Timoteo 2:3-4

¿Qué dice la Biblia sobre sufrir penalidades como buen soldado?

_____

_____

_____

¿En qué área de su vida no está perdurable como un buen soldado?

_____

_____

_____

¿Qué debe usted confesar y cambiar en su vida para que esté perdurando?

_____

_____

_____

¿Qué enseñanza sobre estar perdurando **puede ayudarle para vivir en obediencia a partir desde este momento en adelante?**

_____

_____

_____

Día # 6
I Corintios 2:1-5

¿Qué dice la Biblia sobre la estabilidad de su fe? *¿De dónde viene?*

_____

_____

_____

¿En qué área de su vida no está estable en la fe?

_____

_____

_____

¿Qué debe usted confesar y cambiar en su vida para que esté estable en su fe?

_____

_____

_____

¿Qué enseñanza sobre la estabilidad de su fe **puede ayudarle para vivir en obediencia a partir desde este momento en adelante?**

_____

_____

_____

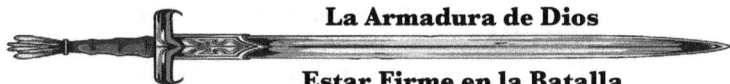

Día # 7
Repaso

I Corintios 16:13
Velad, estad firmes en la fe;
portaos varonilmente, y esforzaos.

1. Lucas 6:47-49, Salmos 1:1-6 -¿Cómo puede asegurar que usted será estable espiritualmente?

   _____

2. I Corintios 15:58 - ¿Qué tiene que hacer siempre en la obra del Señor?

   _____

3. Colosenses 1:21-23, 2:6-7 - ¿Cuál es el fundamento de su fe?

   _____

4. Filipenses 1:25-28 - ¿Cómo debe mantenerse con los otros creyentes?

   _____

5. II Timoteo 2:3-4 - ¿Cómo tiene que mantenerse a si mismo para que sea un buen soldado para Dios?

   _____

6. I Corintios 2:1-5 - ¿La instrucción según la sabiduría de Quién provee la estabilidad?

_____

7. I Corintios 16:13 - ¿En qué tiene que estar fiel para ser un creyente estable?

_____

La Armadura para la Batalla
El Cinturón
La Unidad de la Verdad

Efesios 6:14
Estad, pues, firmes,
ceñidos vuestros lomos con la verdad, ...

Un elemento clave para la armadura del soldado es su cinturón. Sin su cinturón, todas sus otras armaduras se desconecta y cae al suelo, convirtiéndose en una fuente de tropiezo en lugar de una fuente de protección. En la vida de los creyentes, lo mismo es cierto. Si hay una falta de honestidad consistente y no hay rechazo de la falsedad a lo largo de todos los ámbitos de la vida, todos los demás ámbitos de la vida de las personas caerán debido a la desconfianza y la incoherencia.

Debe tomar un poco tiempo de cada día para descubrir más acerca de la necesidad de la verdad en cada área de su vida espiritual.

Día # 1
Salmos 51:6-12

¿Qué dice la Biblia sobre la verdad en su vida privada?

_____

_____

_____

¿En qué área de su vida no está guardando la verdad en su privacidad?

_____

_____

_____

¿Qué debe usted confesar y cambiar en su vida para que tenga la verdad en su privacidad?

_____

_____

_____

¿Qué enseñanza sobre la verdad en su vida personal **puede ayudarle para vivir en obediencia a partir desde este momento en adelante?**

_____

_____

_____

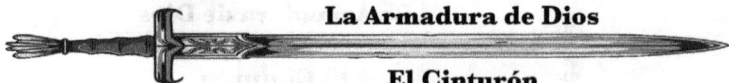

Día # 2
Juan 8:31-32

¿Qué dice la Biblia sobre el conocimiento de la verdad?

_____

_____

_____

¿En qué área de su vida no está conociendo y aplicando la verdad?

_____

_____

_____

¿Qué debe usted confesar y cambiar en su vida para que sepa y se aplique la verdad?

_____

_____

_____

¿Qué enseñanza sobre el conocimiento y aplicación de la verdad de Jesucristo **puede ayudarle para vivir en obediencia a partir desde este momento en adelante?**

_____

_____

_____

El Cinturón
La Unidad de la Verdad

Día # 3
Juan 16:7-15
Juan 17:17

¿Qué dice la Biblia sobre su Guía personal para saber la verdad?

_____

_____

_____

¿En qué área de su vida no está guiado por el Espíritu Santo?

_____

_____

_____

¿Qué debe usted confesar y cambiar en su vida para que esté guiado por la verdad?

_____

_____

_____

¿Qué enseñanza sobre la dirección del Espíritu Santo en la verdad **puede ayudarle para vivir en obediencia a partir desde este momento en adelante?**

_____

_____

_____

43

El Cinturón
La Unidad de la Verdad

Día # 4
I Juan 1:1-10

¿Qué dice la Biblia sobre andar en la verdad?

_____

_____

_____

¿En qué área de su vida no está andando en la verdad?

_____

_____

_____

¿Qué debe usted confesar y cambiar en su vida para que esté andando en la verdad?

_____

_____

_____

¿Qué enseñanza sobre el andar en la verdad **puede ayudarle para vivir en obediencia a partir desde este momento en adelante?**

_____

_____

_____

El Cinturón
La Unidad de la Verdad

Día # 5
Efesios 4:15, 25

¿Qué dice la Biblia sobre hablar la verdad?

_____

_____

_____

¿En qué área de su vida no está hablando la verdad en amor?

_____

_____

_____

¿Qué debe usted confesar y cambiar en su vida para que esté hablando la verdad en amor?

_____

_____

_____

¿Qué enseñanza sobre hablando la verdad en amor **puede ayudarle para vivir en obediencia a partir desde este momento en adelante?**

_____

_____

_____

Día # 6
I Juan 3:14-18

¿Qué dice la Biblia sobre el amor y la verdad?

_____

_____

_____

¿En qué área de su vida no está amando a los demás
en la verdad?

_____

_____

_____

¿Qué debe usted confesar y cambiar en su vida para
que pueda amar verdaderamente a los otros?

_____

_____

_____

¿Qué enseñanza sobre el amor en la verdad **puede
ayudarle para vivir en obediencia a partir desde este
momento en adelante?**

_____

_____

_____

El Cinturón
La Unidad de la Verdad

Día # 7
Repaso

Proverbios 23:23
Compra la verdad, y no la vendas;
La sabiduría, la enseñanza y la inteligencia.

1. Salmos 51:6-12 - ¿Dónde Dios quiere la verdad al comenzar en su vida?

   _____

2. Juan 8:31-32 - ¿A Quién tiene que seguir para conocer la verdad?

   _____

3. Juan 16:7-15, Juan 17:17 - ¿Quién va a guiarle en la verdad a través de la Palabra de Dios?

   _____

4. I Juan 1:1-10 - ¿Cuándo está andando en la verdad?

   _____

5. Efesios 4:15, 25 - ¿Cómo debes hablar?

   _____

6. I Juan 3:14-18 - ¿Cómo funciona el amor?

   _____

7. Proverbios 23:23 - ¿Para qué debe estar dispuesto a pagar para recibir qué?

_____

La Armadura para la Batalla
La Coraza
La Protección de Justicia

Efesios 6:14

... y vestidos con la coraza de justicia,

La coraza es como un chaleco a prueba de bala. Su propósito es proteger los órganos vitales del soldado. Para un creyente, justicia o vida recta protege los órganos vitales espirituales. Sin la vida justa un creyente cae preso de la destrucción en su vida espiritual debido a su pecado.

Debe tomar un poco tiempo de cada día para descubrir más acerca de la necesidad de la justicia o viviendo justo en cada área de su vida espiritual.

La Coraza
La Protección de Justicia

Día # 1
II Corintios 6:14-18

¿Qué dice la Biblia sobre mezclar la justicia con la injusticia?

_____

_____

_____

¿En qué área de su vida no está apartándose de la injusticia?

_____

_____

_____

¿Qué debe usted confesar y cambiar en su vida para que esté separado de la injusticia?

_____

_____

_____

¿Qué enseñanza sobre estar viviendo separado de la injusticia **puede ayudarle para vivir en obediencia a partir desde este momento en adelante?**

_____

_____

_____

La Coraza
La Protección de Justicia

Día # 2
Filipenses 1:8-11

¿Qué dice la Biblia sobre el fruto de justicia? ¿Quién es la fuente de justicia en su vida?

_____
_____
_____

¿En qué área de su vida no está lleno del fruto de justicia?

_____
_____
_____

¿Qué debe usted confesar y cambiar en su vida para que pueda producir el fruto de justicia?

_____
_____
_____

¿Qué enseñanza sobre el fruto de justicia **puede ayudarle para vivir en obediencia a partir desde este momento en adelante?**

_____
_____
_____

Día # 3
Hebreos 12:5-13

¿Qué dice la Biblia sobre la corrección de Dios en la producción del fruto justo?

_____

_____

_____

¿En qué área de su vida no está permitiendo a Dios producir el fruto de justicia?

_____

_____

_____

¿Qué debe usted confesar y cambiar en su vida para que pueda producir el fruto de justicia?

_____

_____

_____

¿Qué enseñanza sobre la corrección de Dios para producir el fruto de justicia **puede ayudarle para vivir en obediencia a partir desde este momento en adelante?**

_____

_____

_____

La Coraza
La Protección de Justicia

Día # 4
Romanos 6:11-23

¿Qué dice la Biblia sobre servir a la justicia?

_____

_____

_____

¿En qué área de su vida no está sirviendo a la justicia?

_____

_____

_____

¿Qué debe usted confesar y cambiar en su vida para que esté sirviendo la justicia?

_____

_____

_____

¿Qué enseñanza sobre servir a la justicia **puede ayudarle para vivir en obediencia a partir desde este momento en adelante?**

_____

_____

_____

La Coraza
La Protección de Justicia

Día # 5
I Pedro 2:19-24

¿Qué dice la Biblia sobre cómo debe vivir durante el sufrimiento por la justicia?

_____

_____

_____

¿En qué área de su vida no está viviendo pacientemente como Cristo cuando sufriendo por la justicia?

_____

_____

_____

¿Qué debe usted confesar y cambiar en su vida para que sea paciente cuando sufra por la justicia?

_____

_____

_____

¿Qué enseñanza sobre la paciencia cuando sufres por la justicia **puede ayudarle para vivir en obediencia a partir desde este momento en adelante?**

_____

_____

_____

La Coraza
La Protección de Justicia

Día # 6
Salmos 18:20-24, 92:1-15 (12-15)

¿Qué dice la Biblia sobre el fin de la vida justa?

_____

_____

_____

¿En qué área de su vida no está disfrutando los resultados de la vida justa?

_____

_____

_____

¿Qué debe usted confesar y cambiar en su vida para que esté disfrutando los premios de la vida justa?

_____

_____

_____

¿Qué enseñanza sobre los resultados de la vida justa **puede ayudarle para vivir en obediencia a partir desde este momento en adelante?**

_____

_____

_____

Día # 7
Repaso

I Corintios 15:34
Velad debidamente, y no pequéis;
porque algunos no conocen a Dios;
para vergüenza vuestra lo digo.

1. II Corintios 6:14-18 - ¿De qué Dios quiere que se quede fuera?

   _____

2. Filipenses 1:8-11 - ¿Quién va a producir la justicia en su vida?

   _____

3. Hebreos 12:5-13 - ¿Cuál es el proposito de la corrección de Dios cuando está en pecado?

   _____

4. Romanos 6:11-23 - ¿Cuál es el resultado del servicio justo?

   _____

5. I Pedro 2:19-24 - ¿Cómo debe mostrar su dependence in Dios cuando sufre por la justicia?

   _____

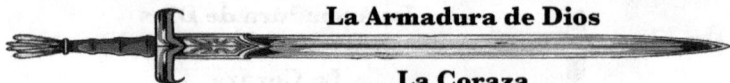

6. Salmos 18:20-24, 92:1-15 (13-15) - ¿Cuál es la recompensa de una vida justa?

_____

7. I Corintios 15:34 - ¿Qué es lo contrario de la justicia?

_____

La Armadura para la Batalla
Los Zapatos
El Poder del Evangelio

Efesios 6:15
Y calzados los pies con el apresto
del evangelio de la paz

Las botas de un soldado son muy importantes. Sin calzado adecuado él no puede permanecer firme o seguir hacia adelante con fuerza. Un creyente tiene que tener el Evangelio como su calzado. El Evangelio debe verse como el fundamente para la vida cristiana, así como el factor muy motivador para seguir avanzando hacia adelante. Un creyente debe estar seguro de que sus botas espirituales están firmemente conectadas y que ellas están cumpliendo con su propósito.

Debe tomar un poco tiempo de cada día para descubrir más acerca de la necesidad del Evangelio de paz en cada área de su vida espiritual.

Los Zapatos
El Poder del Evangelio

Día # 1
Romanos 1:16-17
I Corintios 15:1-4

¿Qué dice la Biblia sobre el poder del Evangelio?

_____

_____

_____

¿En qué área de su vida no está comunicando según el poder del Evangelio?

_____

_____

_____

¿Qué debe usted confesar y cambiar en su vida para que esté comunicando el poder del Evangelio?

_____

_____

_____

¿Qué enseñanza sobre el poder del Evangelio **puede ayudarle para vivir en obediencia a partir desde este momento en adelante?**

_____

_____

_____

Los Zapatos
El Poder del Evangelio

Día # 2
II Corintios 4:1-6

¿Qué dice la Biblia sobre esconder el Evangelio?

_____
_____
_____

¿En qué área de su vida no está representando el Evangelio?

_____
_____
_____

¿Qué debe usted confesar y cambiar en su vida para que esté representando el Evangelio?

_____
_____
_____

¿Qué enseñanza sobre esconder el Evangelio **puede ayudarle para vivir en obediencia a partir desde este momento en adelante?**

_____
_____
_____

Día # 3
Gálatas 1:6-12

¿Qué dice la Biblia sobre cualquier otro evangelio (los otros de la salvación por fe en Jesucristo)?

_____
_____
_____

¿En qué área de su vida no está rechazando cualquier otro evangelio (religión)?

_____
_____
_____

¿Qué debe usted confesar y cambiar en su vida para que ningún otro evangelio el pueda influir?

_____
_____
_____

¿Qué enseñanza sobre el Evangelio verdadero de Jesucristo **puede ayudarle para vivir en obediencia a partir desde este momento en adelante?**

_____
_____
_____

Los Zapatos
El Poder del Evangelio

Día # 4
Mateo 28:18-20
Marcos 16:15-16

¿Qué dice la Biblia sobre a quien le debe predicar (declarar) el Evangelio?

_____

_____

_____

¿En qué área de su vida no está proclamando el Evangelio a todos los que necesitaran oírlo?

_____

_____

_____

¿Qué debe usted confesar y cambiar en su vida para que pueda proclamar el Evangelio a todo el que necesite oírlo?

_____

_____

_____

¿Qué enseñanza sobre la predicación del Evangelio **puede ayudarle para vivir en obediencia a partir desde este momento en adelante?**

_____

_____

_____

Día # 5
Romanos 10:13-15

¿Qué dice la Biblia sobre el plan de Dios para predicar el Evangelio?

_____

_____

_____

¿En qué área de su vida no está participando como parte del plan de Dios en la proclamación del Evangelio?

_____

_____

_____

¿Qué debe usted confesar y cambiar en su vida para que esté participando en el plan de Dios para proclamar el Evangelio?

_____

_____

_____

¿Qué enseñanza sobre el plan de Dios para proclamar el Evangelio **puede ayudarle para vivir en obediencia a partir desde este momento en adelante?**

_____

_____

_____

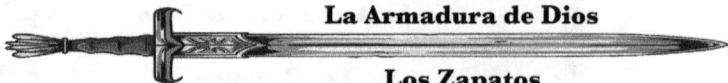

Día # 6
Efesios 6:18-20
Hechos 4:29-31

¿Qué dice la Biblia sobre compartir el Evangelio con denuedo?

_____

_____

_____

¿En qué área de su vida no está compartiendo el Evangelio con denuedo?

_____

_____

_____

¿Qué debe usted confesar y cambiar en su vida para que esté compartiendo el Evangelio con denuedo?

_____

_____

_____

¿Qué enseñanza sobre compartir el Evangelio con denuedo **puede ayudarle para vivir en obediencia a partir desde este momento en adelante?**

_____

_____

_____

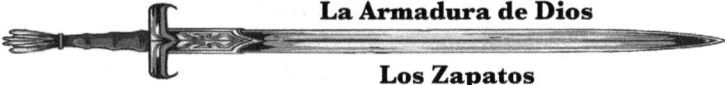

Los Zapatos
El Poder del Evangelio

Día # 7
Repaso

I Tesalonicenses 1:5
Pues nuestro evangelio no llegó a vosotros
en palabras solamente,
sino también en poder,
en el Espíritu Santo
y en plena certidumbre,
como bien sabéis
cuáles fuimos entre vosotros
por amor de vosotros.

1. Romanos 1:16-17 - ¿Qué poder tiene el Evangelio de hacer?

   _____

2. II Corintios 4:1-6 - ¿Qué nunca debe hacerse a la luz del Evangelio?

   _____

3. Gálatas 1:6-12 - ¿Qué tiene que hacer como cualquier otro evangelio que no es el Evangelio de Jesucristo?

   _____

4. Mateo 28:18-20, Marcos 16:15-16 - ¿Qué debe hacer con el Evangelio?

   _____

5. Romanos 10:13-15 - ¿Cuál es el plan de Dios para cómo el Evangelio debe estar repartido?

_____

6. Efesios 6:18-20, Hechos 4:29-31 - ¿Para qué debe orar mientras está compartiendo el Evangelio?

_____

7. I Tesalonicense 1:5 - En qué tres maneras debe usted representar el Evangelio mientras está proclamandolo con sus palabras?

_____
_____
_____

La Armadura para la Batalla
El Escudo
La Protección de Fe

Efesios 6:16
Sobre todo, tomad el escudo de la fe, con que podáis apagar todos los dardos de fuego del maligno.

A veces un buen soldado encuentra algo que lo protege de los ataques del enemigo. Sabiamente él buscará posiciones tácticas que van a impedir la herida de balas del enemigo. Para un soldado espiritual, la fe es su escudo. Como Satanás ataca con dardos de senderos, tentaciones, etc. para causar duda sobre la bondad y la provisión de Dios, la fe protege al creyente de sentirse espiritualmente herido con desánimo y ser eliminado de la batalla.

Debe tomar un poco tiempo de cada día para descubrir más acerca de la necesidad de la fe en cada área de su vida espiritual.

Día # 1
Hebreos 11:1, 6

¿Qué dice la Biblia sobre la fe en Dios?

_____

_____

_____

¿En qué área de su vida no está viviendo con la fe en Dios?

_____

_____

_____

¿Qué debe usted confesar y cambiar en su vida para que mantenga su fe en Dios?

_____

_____

_____

¿Qué enseñanza sobre la fe en Dios **puede ayudarle para vivir en obediencia a partir desde este momento en adelante?**

_____

_____

_____

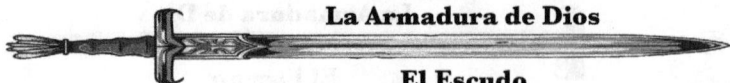

El Escudo
La Protección de Fe

Día # 2
Colosenses 1:19-23

¿Qué dice la Biblia sobre el fin de estar bien firme en la fe?

_____

_____

_____

¿En qué área de su vida no está fundamentado en la fe?

_____

_____

_____

¿Qué debe usted confesar y cambiar en su vida para que esté fundamentado en la fe?

_____

_____

_____

¿Qué enseñanza sobre estar fundamentado en la fe **puede ayudarle para vivir en obediencia a partir desde este momento en adelante?**

_____

_____

_____

Día # 3
I Juan 5:4-5
I Pedro 5:8-9

¿Qué dice la Biblia sobre ganar la victoria espiritual?

_____

_____

_____

¿En qué área de su vida no está ganando la victoria espiritual?

_____

_____

_____

¿Qué debe usted confesar y cambiar en su vida para ganar la victoria espiritual?

_____

_____

_____

¿Qué enseñanza sobre la victoria espiritual **puede ayudarle para vivir en obediencia a partir desde este momento en adelante?**

_____

_____

_____

Día # 4
Santiago 2:14-26

¿Qué dice la Biblia sobre las obras de la fe?

_____
_____
_____

¿En qué área de su vida no está viviendo su fe para producir buenas obras?

_____
_____
_____

¿Qué debe usted confesar y cambiar en su vida para que su fe esté produciendo buenas obras?

_____
_____
_____

¿Qué enseñanza sobre las obras de la fe **puede ayudarle para vivir en obediencia a partir desde este momento en adelante?**

_____
_____
_____

Día # 5
Santiago 1:5-8
Marcos 11:22-24

¿Qué dice la Biblia sobre la oración en fe?

_____

_____

_____

¿En qué área de su vida no está orando en la fe?

_____

_____

_____

¿Qué debe usted confesar y cambiar en su vida para que empiece a orar en fe?

_____

_____

_____

¿Qué enseñanza sobre la oración en fe **puede ayudarle para vivir en obediencia a partir desde este momento en adelante?**

_____

_____

_____

Día # 6
Hebreos 12:1-3

¿Qué dice la Biblia sobre eliminar cualquier distracción de su fe en Jesucristo?

_____
_____
_____

¿En qué área de su vida no está enfocado correctamente en su fe en Jesucristo?

_____
_____
_____

¿Qué debe usted confesar y cambiar en su vida para que no esté desatraído de su fe en Jesucristo?

_____
_____
_____

¿Qué enseñanza sobre no estar desatraído de la fe en Jesucristo **puede ayudarle para vivir en obediencia a partir desde este momento en adelante?**

_____
_____
_____

Día # 7
Repaso

Romanos 10:17
*Así que la fe es por el oír,
y el oír, por la palabra de Dios.*

1. Hebreos 11:1, 6 - ¿En Quién tiene que poner su fe?

   _____

2. Colosenses 1:19-23 - ¿Cuál es el resultado de una fe fundamentada?

   _____

3. I Juan 5:4-5, *I Pedro 5:8-9* - ¿Cómo puede ganar la victoria sobre el mundo?

   _____

4. Santiago 2:14-16 - ¿Qué debe producir su fe?

   _____

5. Santiago 1:5-8, *Marcos 11:22-24* - ¿Cómo debe orar a Dios?

   _____

6. Hebreos 12:1-3 - ¿Qué tiene que remover de su vida para mantener la fe adecuada?

   _____

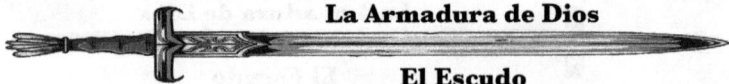

7. Romanos 10:17 - ¿Cómo puede crecer en su fe?

_____

La Armadura para la Batalla
El Yelmo
La Claridad de los Pensamientos
por Causa de la Salvación

Efesios 6:17
Y tomad el yelmo de la salvación, ...

Una de las partes más vulnerables del cuerpo de un soldado es su cabeza. También es la más importante. Sin pensamiento adecuado, el soldado no puede controlar el resto de su cuerpo para cumplir su trabajo. Por esta razón, un buen soldado tendrá especial cuidado en utilizar siempre su yelmo. Un soldado espiritual debe tener el mismo cuidado. Debe recordar siempre su salvación y la nueva vida que Dios ha provisto para él. Debe controlar su pensamiento y nunca permitir ser distraído en la batalla.

Debe tomar un poco tiempo de cada día para descubrir más acerca de la necesidad de la verdad de salvación en cada área de su vida espiritual.

Día # 1
Filipenses 2:12-16

¿Qué dice la Biblia sobre vivir (ocuparse) en su salvación?

_____

_____

_____

¿En qué área de su vida no está viviendo según su salvación?

_____

_____

_____

¿Qué debe usted confesar y cambiar en su vida para que pueda vivir según su salvación?

_____

_____

_____

¿Qué enseñanza sobre viviendo según su salvación **puede ayudarle para vivir en obediencia a partir desde este momento en adelante?**

_____

_____

_____

Día # 2
Romanos 13:11-14

¿Qué dice la Biblia sobre su estado de alerta espiritual según su salvación?

_____
_____
_____

¿En qué área de su vida no está atento espiritualmente?

_____
_____
_____

¿Qué debe usted confesar y cambiar en su vida para que esté atento espiritualmente?

_____
_____
_____

¿Qué enseñanza sobre la atención espiritual **puede ayudarle para vivir en obediencia a partir desde este momento en adelante?**

_____
_____
_____

Día # 3
Colosenses 1:19-23

¿Qué dice la Biblia sobre el fin de estar seguro en su salvación?

_____

_____

_____

¿En qué área de su vida no está viviendo según la seguridad de su salvación?

_____

_____

_____

¿Qué debe usted confesar y cambiar en su vida para que esté viviendo en la seguridad de su salvación?

_____

_____

_____

¿Qué enseñanza sobre la seguridad de su salvación **puede ayudarle para vivir en obediencia a partir desde este momento en adelante?**

_____

_____

_____

Día # 4
Efesios 4:17-32

¿Qué dice la Biblia sobre el cambio de su forma de pensar (mente)?

_____

_____

_____

¿En qué área de su vida no está cambiando su forma de pensar (pensar como el hombre nuevo)?

_____

_____

_____

¿Qué debe usted confesar y cambiar en su vida para que empiece a pensar correctamente?

_____

_____

_____

¿Qué enseñanza sobre los cambios a sus pensamientos **puede ayudarle para vivir en obediencia a partir desde este momento en adelante?**

_____

_____

_____

Día # 5
Tito 2:11-14

¿Qué dice la Biblia sobre la instrucción de la salvación?

_____

_____

_____

¿En qué área de su vida no está siguiendo la instrucción de la salvación?

_____

_____

_____

¿Qué debe usted confesar y cambiar en su vida para que esté siguiendo la instrucción de la salvación?

_____

_____

_____

¿Qué enseñanza sobre la instrucción de la salvación **puede ayudarle para vivir en obediencia a partir desde este momento en adelante?**

_____

_____

_____

Día # 6
Colosenses 2:5-10

¿Qué dice la Biblia sobre su andar (estilo de vivir) según su salvación?

_____

_____

_____

¿En qué área de su vida no está andando según su salvación?

_____

_____

_____

¿Qué debe usted confesar y cambiar en su vida para que esté andando según su salvación?

_____

_____

_____

¿Qué enseñanza sobre su andar de acuerdo a su salvación **puede ayudarle para vivir en obediencia a partir desde este momento en adelante?**

_____

_____

_____

Día # 7
Repaso

I Juan 2:5-6
Pero el que guarda su palabra,
en éste verdaderamente el amor de Dios
se ha perfeccionado;
por esto sabemos que estamos en él.
El que dice que permanece en él,
debe andar como él anduvo.

1. Filipenses 2:12-16 - ¿Cómo es la salvación evidenciada (revelada en la vida)?

_____

2. Romanos 13:11-14 - ¿Cómo la vigilancia espiritual le ayuda a vivir?

_____

3. Colosenses 1:19-23 - ¿Cómo debe estar seguro en su salvación?

_____

4. Efesios 4:17-32 - ¿Cómo debe estar en sus pensamientos para ser diferente a lo que antes de ante su salvación?

_____

5. Tito 2:11-14 - ¿Cómo debe su salvación enseñarle a vivir?

_____

6. Colosenses 2:5-10 - ¿Cómo debe andar (vivir) después de su salvación?

_____

7. I Juan 2:5-6 - ¿Qué se muestra sobre su vida cuando sigue el ejemplo de Jesús?

_____

La Armadura para la Batalla
La Espada
El Arma de Protección y Penetración

Efesios 6:17
... y la espada del Espíritu,
que es la palabra de Dios;

Un soldado que carga una espada o cuchillo sabe que él puede tener la ventaja si conoce bien su arma. La espada o cuchillo puede utilizarse para defenderse de los embates de otros, así como para detener al atacante pero sólo si se utiliza con precisión. La palabra de Dios es la espada de los creyentes. También puede proveer gran protección y dar golpes mortales al enemigo cuando el soldado espiritual regularmente esté recibiendo entrenamiento y práctica constante de lo que ha aprendido.

Debe tomar un poco tiempo de cada día para descubrir más acerca de la necesidad de la Palabra de Dios en cada área de su vida espiritual.

La Espada
El Arma de Protección y Penetración

Día # 1
Hebreos 4:12

¿Qué dice la Biblia sobre el poder de la misma?

_____

_____

_____

¿En qué área de su vida no está permitiendo la fuerza de la Biblia para trabajar a través de su vida?

_____

_____

_____

¿Qué debe usted confesar y cambiar en su vida para que pueda experimentar la fuerza de la Biblia?

_____

_____

_____

¿Qué enseñanza sobre la fuerza de la Biblia **puede ayudarle para vivir en obediencia a partir desde este momento en adelante?**

_____

_____

_____

Día # 2
Salmos 119:9-11

¿Qué dice la Biblia sobre la limpieza de la misma?

_____

_____

_____

¿En qué área de su vida no está limpiándose a si mismo con la Biblia?

_____

_____

_____

¿Qué debe usted confesar y cambiar en su vida para que pueda experimentar la limpieza de la Biblia?

_____

_____

_____

¿Qué enseñanza sobre la limpieza de la Biblia **puede ayudarle para vivir en obediencia a partir desde este momento en adelante?**

_____

_____

_____

Día # 3
II Timoteo 2:15, 3:14-17

¿Qué dice la Biblia sobre el estudio de la misma?

_____

_____

_____

¿En qué área de su vida no está estudiando la Biblia?

_____

_____

_____

¿Qué debe usted confesar y cambiar en su vida para que empiece a estudiar más la Biblia?

_____

_____

_____

¿Qué enseñanza sobre el estudio de la Biblia **puede ayudarle para vivir en obediencia a partir desde este momento en adelante?**

_____

_____

_____

La Espada
El Arma de Protección y Penetración

Día # 4
Salmos 19:7-11

¿Qué dice la Biblia sobre la obra de la misma?

_____
_____
_____

¿En qué área de su vida no está permitiendo a la Biblia trabajar en usted?

_____
_____
_____

¿Qué debe usted confesar y cambiar en su vida para que la Biblia pueda cumplir su trabajo?

_____
_____
_____

¿Qué enseñanza sobre el trabajo de la Biblia **puede ayudarle para vivir en obediencia a partir desde este momento en adelante?**

_____
_____
_____

Día # 5
Salmos 1:1-6

¿Qué dice la Biblia sobre la bendición de pensar (meditar) en la Biblia?

_____

_____

_____

¿En qué área de su vida no está pensando sobre la Biblia?

_____

_____

_____

¿Qué debe usted confesar y cambiar en su vida para que esté pensando en la Biblia?

_____

_____

_____

¿Qué enseñanza sobre los pensamientos acerca de la Biblia **puede ayudarle para vivir en obediencia a partir desde este momento en adelante?**

_____

_____

_____

La Espada
El Arma de Protección y Penetración

Día # 6
Santiago 1:22-25

¿Qué dice la Biblia sobre la obediencia a la Biblia?

_____

_____

_____

¿En qué área de su vida no está obedeciendo a la Biblia?

_____

_____

_____

¿Qué debe usted confesar y cambiar en su vida para que esté obedeciendo la Biblia?

_____

_____

_____

¿Qué enseñanza sobre la obediencia a la Biblia **puede ayudarle para vivir en obediencia a partir desde este momento en adelante?**

_____

_____

_____

La Espada
El Arma de Protección y Penetración

Día # 7
Repaso

I Pedro 2:2
*Desead, como niños recién nacidos,
la leche espiritual no adulterada,
para que por ella crezcáis para salvación,*

1. Hebreos 4:12 - ¿Qué tipo de fuerza tiene la Biblia?

   _____

2. Salmos 119:9-11 - ¿Cómo puede la Biblia limpiarle espiritualmente?

   _____

3. II Timoteo 2:15, 3:14-17 - ¿Qué tiene que hacer con la Biblia?

   _____

4. Salmos 19:7-11 - ¿Qué tipo de trabajo cumple la Biblia?

   _____

5. Salmos 1:1-6 - ¿Qué podrá ser si medita (pensar) en la Biblia?

   _____

6. Santiago 1:22-25 - ¿Qué tienes que hacer después de
leer o escuchar la Biblia?

_____

7. I Pedro 2:2 - ¿Para qué puede ayudarle a crecer
espiritualmente?

_____

La Comunicación
Constante en la Batalla

Efesios 6:18
Orando en todo tiempo
con toda oración y súplica en el Espíritu,
y velando en ello con toda perseverancia
y súplica por todos los santos;

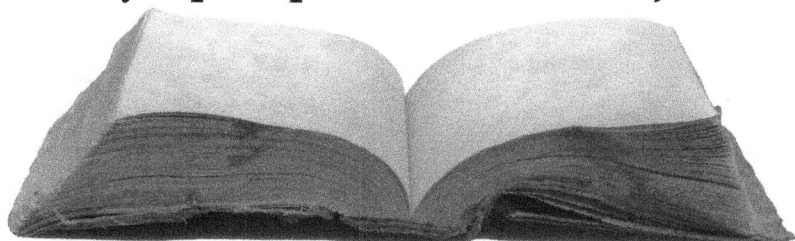

Un soldado moderno tiene muchos recursos para mantenerlo en contacto con sus superiores; Radio, teléfono, internet, satélite, etc. Se da cuenta de que la comunicación es de suma importancia para tener la victoria. Cuando él carece de comunicación aumenta la probabilidad de confusión, la falta de suministros, falta de dirección, etc. El soldado espiritual tiene la misma necesidad de comunicación. Su "dispositivo" para la comunicación con el comandante y jefe es la oración. Aunque hay veces que cuando se interrumpe la comunicación debido a su fracaso, él sabe que en cualquier momento y circunstancia puede una vez más reencontrarse con Dios a través de la oración para y una vez más ser ganador que en la batalla a donde él pertenece.

Debe tomar un poco tiempo de cada día para descubrir más acerca de la necesidad de la oración en cada área de su vida espiritual.

Día # 1
Mateo 6:5-15

¿Qué dice la Biblia sobre orar correctamente (el cómo y de qué) según el ejemplo de Jesucristo?

_____

_____

_____

¿En qué área de su vida no está orando correctamente?

_____

_____

_____

¿Qué debe usted confesar y cambiar en su vida para que pueda orar correctamente?

_____

_____

_____

¿Qué enseñanza sobre la oración correcta **puede ayudarle para vivir en obediencia a partir desde este momento en adelante?**

_____

_____

_____

Día # 2
Lucas 11:5-13

¿Qué dice la Biblia sobre su oración a Dios por sus necesidades?

_____

_____

_____

¿En qué área de su vida no está orando correctamente a Dios por sus necesidades?

_____

_____

_____

¿Qué debe usted confesar y cambiar en su vida para que esté orando correctamente a Dios por su necesidades?

_____

_____

_____

¿Qué enseñanza sobre la oración a Dios por sus necesidades **puede ayudarle para vivir en obediencia a partir desde este momento en adelante?**

_____

_____

_____

Día # 3
Romanos 8:26-27

¿Qué dice la Biblia sobre la ayuda del Espíritu Santo mientras ora?

_____

_____

_____

¿En qué área de su vida no está dependiendo en la ayuda del espíritu Santo durante la oración?

_____

_____

_____

¿Qué debe usted confesar y cambiar en su vida para que esté experimentando la ayuda del Espíritu Santo en su oración?

_____

_____

_____

¿Qué enseñanza sobre la ayuda del espiritusanto durante su oración **puede ayudarle para vivir en obediencia a partir desde este momento en adelante?**

_____

_____

_____

Día # 4
Santiago 4:1-3
Salmos 37:4-5

¿Qué dice la Biblia sobre porqué no tiene lo que desea?

_____

_____

_____

¿En qué área de su vida no está recibiendo los deseos de su corazón?

_____

_____

_____

¿Qué debe usted confesar y cambiar en su vida para que pueda ver la provisión de sus deseos?

_____

_____

_____

¿Qué enseñanza sobre la provisión de sus deseos **puede ayudarle para vivir en obediencia a partir desde este momento en adelante?**

_____

_____

_____

Día # 5
I Juan 3:22-24, 5:14-15

¿Qué dice la Biblia sobre la necesidad de obediencia para tener respuestas a sus peticiones?

_____
_____
_____

¿En qué área de su vida no está recibiendo las respuesta a sus peticiones por causa de la falta de obediencia?

_____
_____
_____

¿Qué debe usted confesar y cambiar en su vida para que pueda experimentar las respuestas a sus peticiones?

_____
_____
_____

¿Qué enseñanza sobre la obediencia y la oración **puede ayudarle para vivir en obediencia a partir desde este momento en adelante?**

_____
_____
_____

Día # 6
Efesios 3:10-21

¿Qué dice la Biblia sobre la oración por los otros?

_____

_____

_____

¿En qué área de su vida no está orando por los demás?

_____

_____

_____

¿Qué debe usted confesar y cambiar en su vida para que esté orando por los demás?

_____

_____

_____

¿Qué enseñanza sobre orar por los demás **puede ayudarle para vivir en obediencia a partir desde este momento en adelante?**

_____

_____

_____

Día # 7
Repaso

Filipenses 4:6-7
Por nada estéis afanosos,
sino sean conocidas vuestras peticiones
delante de Dios en toda oración y ruego,
con acción de gracias.
Y la paz de Dios, que sobrepasa todo
entendimiento,
guardará vuestros corazones
y vuestros pensamientos en Cristo Jesús.

1. Mateo 6:5-15 - ¿A Quien y por qué debería usted orar?

   _____

   _____

2. Lucas 11:5-13 - ¿Dios quiere contestar su oración?

   _____

3. Romanos 8:26-27 - ¿Quien le ayudará en la oración?

   _____

4. Santiago 4:1-3 - ¿Cuándo recibirá los deseos de su corazón?

   _____

5. I Juan 3:22-24, 5:14-15 - ¿Qué tiene que hacer por haber contestado la oración?

_____

6. Efesios 3:10-21 - ¿Para quien debe orar?

_____

7. Filipenses 4:6-7 - ¿Para que debe orar?

_____

Los Otros Estudios Bíblicos y Libros
disponible por
Los Ministerios de Andando en la PALABRA
www.walkinginthewordministries.net

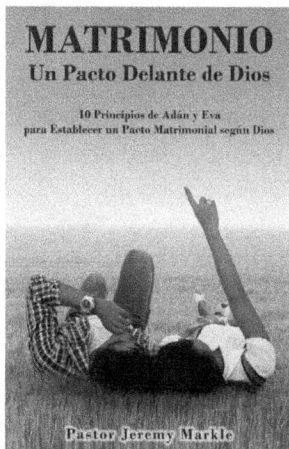

Matrimonio:
Un Pacto Delante de Dios

Diez estudios y materiales extras
para ayudar a una pareja
tener un matrimonio bíblico.

La Crianza con Propósito

Seis estudios
sobre la crianza bíblica.
Los primeros tres estudios se enfoquen en
la necesidad de los padres
de honrar a Dios con su niño.
Los últimos tres estudios se enfoquen en
cómo los padres tienen que representar
Dios Padre a su niño.

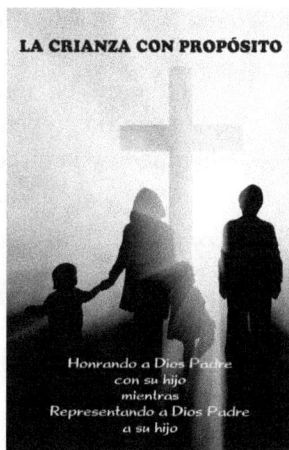

Los Componentes Básicos
para una Vida Cristiana Estable

Cinco estudios explicando
la importancia de y como organizarse
en la oración,
el estudio bíblico,
las verdades bíblicas,
los versículos de memoria,
y la predicación.

Una Guía de Bosquejo para El Camino del Calvario de Roy Hession

Esta guía en forma de bosquejo
fue escrita para mejorar
su capacidad de comprender, recordar,
y aplicar las verdades espirituales
importantes compartidas en
El Camino del Calvario.

La Búsqueda para la Mano de Dios en Mi Vida

Un estudio de seis temas importantes
para que un creyente pueda ver
el cuidado y la dirección de Dios
en su vida.

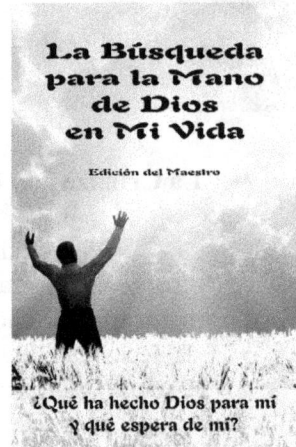

El Corazón del Hombre

Un análisis Bíblico
tocante a la salvación,
los primeros pasos de la obediencia,
y la vida nueva.

¿Qué dice la Biblia sobre:
La Salvación?,
El Bautismo?,
La Membresía de la Iglesia?

Tres estudios sencillos
para investigar y repasar
la salvación
y los primeros pasos de obediencia
en la vida del creyente.

¿Quiénes Son Los Bautistas?
Según Sus Distintivos

Un estudio bíblico
de las ocho creencias básicas
de los Bautistas.

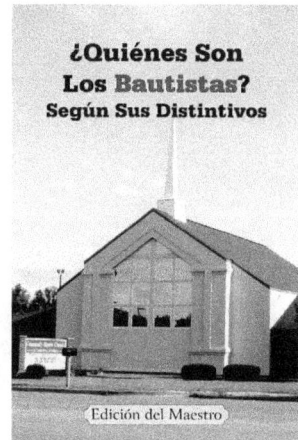

¿La Voluntad de Dios
es un Rompecabezas para Ti?

Un estudio y formulario bíblico
para encontrar la voluntad de Dios
para su vida.

www.ingramcontent.com/pod-product-compliance
Lightning Source LLC
Chambersburg PA
CBHW061748020426
42331CB00006B/1401